Alice Ebinger

Paymentsysteme im Internet – Chancen und Risiken

GRIN Verlag

Bibliografische Information der Deutschen Nationalbibliothek:

Die Deutsche Bibliothek verzeichnet diese Publikation in der Deutschen National-
bibliografie; detaillierte bibliografische Daten sind im Internet über http://dnb.d-
nb.de/ abrufbar.

Impressum:

Copyright © 2005 GRIN Verlag GmbH
Druck und Bindung: Books on Demand GmbH, Norderstedt Germany
ISBN: 978-3-638-66321-2

Dieses Buch bei GRIN:

http://www.grin.com/de/e-book/54244/paymentsysteme-im-internet-chancen-und-
risiken

GRIN - Your knowledge has value

Der GRIN Verlag publiziert seit 1998 wissenschaftliche Arbeiten von Studenten, Hochschullehrern und anderen Akademikern als eBook und gedrucktes Buch. Die Verlagswebsite www.grin.com ist die ideale Plattform zur Veröffentlichung von Hausarbeiten, Abschlussarbeiten, wissenschaftlichen Aufsätzen, Dissertationen und Fachbüchern.

Besuchen Sie uns im Internet:

http://www.grin.com/

http://www.facebook.com/grincom

http://www.twitter.com/grin_com

Hochschule für
Wirtschaft und Umwelt
Nürtingen-Geislingen

Hauptseminar Informationsmanagement

Paymentsysteme im Internet – Chancen und Risiken

Verfasserin   Alice Gärtner

Semester   4

Anmeldedatum   06. Juli 2005

Abgabedatum   05. Oktober 2005

Inhaltsverzeichnis

Darstellungsverzeichnis

Abkürzungsverzeichnis

EC	electronic cash
ELV	elektronisches Lastschriftverfahren
GSM	Global System for Mobile Communication
ISP	Internet Service Provider
KUNO	Kriminalitätsbekämpfung im unbaren Zahlungsverkehr unter Nutzung nicht-polizeilicher Organisationsstrukturen
PIN	Persönliche Identifikations Nummer
POS	Point of Sale
SET	Secure Eletronic Transaction
S – ITT	Sparkassen Internet Treuhand Transaction
SMS	Short Message Service
SSL	Secure Socket Layer
TAN	Transaktionsnummer
UMTS	Universal Mobile Telecommunications System
WAP	Wireless Application Protocol

1 Vorbetrachtung

1.1 Herangehensweise

Die vorliegende Hausarbeit gibt einen Überblick über eine Auswahl von Paymentsystemen im Internet. Zuerst wird die Notwendigkeit solcher Systeme kurz erläutert. Danach erfolgt eine Kategorisierung der Paymentsysteme mit anschließender detaillierter Beschreibung. Zur Analyse der Schwächen und Stärken von Datenübertragungen durch das Internet werden die Unterthemen Sicherheitsrisiken und Verschlüsselung näher betrachtet. Nachfolgend werden Bezüge zur Immobilienwirtschaft hergestellt und abschließend folgt eine Darstellung des Angebots der Händler und der Nachfrage der Käufer bezüglich der Paymentsysteme mit Auswertung der jeweiligen Präferenzen.

1.2 Relevanz

Durch die starke Zunahme der Internetnutzung in den letzten Jahren ist auch ein Zuwachs des Online – Shopping erfolgt. Im Jahr 2004 hat sich im Vergleich zum Vorjahr die Zahl der Online – Shopper um zwei Millionen auf 25,2 Millionen erhöht. [1]

Obwohl für viele Menschen Online – Shopping keine Lebensnotwendigkeit darstellt, ist dies dennoch bequemer und zeitsparender als nach Feierabend oder am Wochenende in hoch frequentierten Läden nach dem Wunschartikel oder Schnäppchen zu suchen. Davon profitieren selbstverständlich auch die Händler. Sie können durch Online – Shopping neue Vertriebswege nutzen und so Ladenmieten, Lager- und Personalkosten einsparen, was wiederum auch dem Verbraucher nützt. Eine Teilnahme an grenzüberschreitendem Handel ist so auch für kleine Online – Shops möglich. [2] Laut einer Studie der Postbank AG vom November 2004 sind die Zukunftserwartungen der Online-Händler überwiegend positiv, da für das Jahr 2005 von steigenden Umsätzen ausgegangen wird. [3]

Da nicht nur physische Güter im Internet erworben werden können, sondern auch digitale Güter wie Softwaredownloads und Fachartikel, hat die Notwendigkeit und Anzahl verschiedener Zahlungsmöglichkeiten im Internet zugenommen. [4]

---

[1] Vgl. Enigma GfK, Online – Shopping, 2005.
[2] Vgl. Borgwardt, Jens, Shopping, S. 10 – 36.
[3] Vgl. Europressedienst Bonn (Hrsg.), Händlersicht, 2004, S. 59.
[4] Vgl. Müller, Frank, digitale Güter, 2002, S. 134 – 140.

2 Vorstellung einzelner Paymentsysteme

2.1 Kategorisierung

Nach Expertenschätzungen aus dem Jahr 2003 sind weltweit ca. 30 bis 100 verschiedene Zahlungssysteme vorhanden[1], welche sich nach mehreren Merkmalen, wie zum Beispiel Transaktionshöhe, Zeitpunkt des Geldübergangs, Anonymität, Akzeptanz und Mobilität, untergliedern lassen. Im Folgenden werden einige Paymentsysteme nach dem Zeitpunkt der Belastung des Kundenkontos eingeteilt.

Pre – Paid	Pay – Now	Pay – Later
Hardware – basiert - GeldKarte **Software – basiert** - paysafecard - Micromoney - WEB.Cent	**Nachnahme** **Lastschrift** **E – Mail – Systeme** - PayPal - Moneybookers - PayDirect **Mobile Payments** - Street Cash - allpay - Vodafone Mobiles Bezahlen	**Kreditkarte** **Rechnung** - Online – Banking - S – ITT - iclear **Billing – / Inkasso - Systeme** - Click & Buy - T – Pay - bill – it –easy

Darstellung 1 Kategorisierung von Internet-Bezahlsystemen

(Quelle: Stroborn, Karsten; Heitmann, Annika; Frank, Gerda, Zahlungssysteme, 2002, S. 32)

Bei Pre – Paid – Systemen muss der Konsument vor Erhalt des Gutes bereits den Kaufpreis und zusätzlich anfallende Kosten wie Porto und Verpackung bezahlen. Dies geschieht über eine entsprechende Hard- oder Software.

Nachnahme ist das einzige echte Pay – Now – System. Die Lastschrift und weitere darauf basierende Systeme müssten streng genommen den Pay – Later – Systemen zuge-ordnet werden, da aber hierbei bereits mit dem Kauf die Zahlung fällig wird, sind auch diese Systeme wie in obiger Abbildung zu kategorisieren.

---

[1] Vgl. Corsten, Hans, Einführung, 2003, S. 102.

Der Übergang des Kaufpreises und eventueller Nebenkosten erfolgt bei Pay – Later – Systemen erst nach Erhalt des erworbenen Gutes.[1]

2.2 GeldKarte

Üblicherweise ist der GeldKarte – Chip in der EC – Karte oder einer anderen Bankkundenkarte integriert. Dieser Chip kann am Bankterminal mit Beträgen bis zu 200,00 € durch Abbuchung vom Konto mit PIN – Eingabe aufgeladen werden und ist als elektronisches, vorausbezahltes Portemonnaie anzusehen. Bei einer kontoungebunden GeldKarte ist das Aufladen nur durch Barzahlung am Bankschalter möglich. Die Bank kann daher nicht erkennen, wofür der Kunde sein Geld ausgegeben hat und auch der Empfänger ist über die jeweiligen Kontodaten im Unklaren. Bei der Zahlung mit GeldKarte ist keine Autorisierung mehr notwendig und bei Verlust ist keine Sperrung möglich.[2]

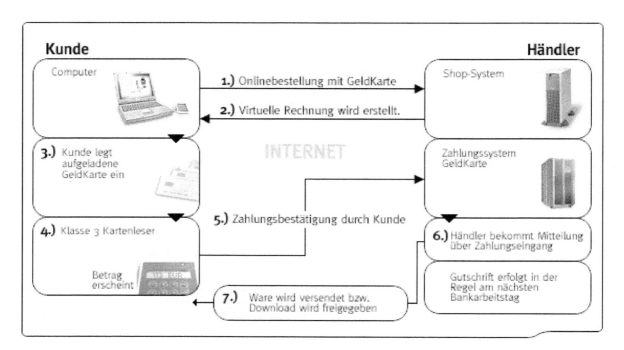

Darstellung 2 Onlinezahlvorgang mit GeldKarte

(Quelle: EURO Kartensysteme GmbH (Hrsg.), Online – Zahlung, 2005)

Um mit der GeldKarte im Internet bezahlen zu können, muss der Käufer ein Internet – Kundenterminal an seinem Computer installieren, welches die entsprechenden Kartendaten einliest und prüft.[3]

---

[1] Vgl. Stroborn, Karsten; Heitmann, Annika; Frank, Gerda, Zahlungssysteme, 2002, S. 31 – 41.
[2] Vgl. Maier, Karin; Pützfeld, Karl, Anwendung, 2002, S. 195.
[3] Vgl. EURO Kartensysteme GmbH (Hrsg.), Transaktionen, 2005.

Der Händler erhält am selben Tag die Gutschrift des Rechnungsbetrages auf seinem Konto[1], dadurch können Rücklastschriften und Mahnungen vermieden werden.[2]

2.3   Software – basierte Systeme

2.3.1   paysafecard

Bei der paysafecard handelt es sich um eine Wertkarte, die online und offline in Deutschland und Österreich erworben werden kann und mit der bei über 2.000 Akzeptanzstellen verschiedenster Branchen im Internet bezahlt werden kann. Für Jugendliche unter 18 Jahren sind spezielle Karten erhältlich, die nur auf Seiten mit jugendfreien Inhalten anerkannt werden. Die Wertkarten können für 10,00 €, 25,00 €, 50,00 € oder 100,00 € gekauft werden und der Einsatz von bis zu zehn paysafecards pro Bezahlvorgang ist möglich. Auf jeder paysafecard ist ein einmaliger 16-stelliger PIN – Code, eine Seriennummer, das Produktionsdatum und der Geldwert zu finden. Abhängig vom Händler sind verschiedene Formen der paysafecard erhältlich, zum einen in Scheckkartenformat, als Kassenbon oder als Automatenausdruck und zum anderen als Mitteilung per E – Mail.[3]

Wenn eine Bezahlung mit paysafecard in einem entsprechenden Web – Shop gewünscht wird, so kann dies bei den Zahlungsoptionen ausgewählt werden. Um den Kaufvorgang abzuschließen ist nur noch der PIN – Code einzugeben. Der PIN – Code kann zusätzlich mit einem individuellen Passwort geschützt werden um eventuelle Sicherheitsrisiken zu minimieren.[4] Dieser Bezahlvorgang erfolgt anonym und ohne vorherige Anmeldung. Die paysafecard ist ohne weiteres übertragbar.

Die paysafecard wird in Deutschland von der Commerzbank AG und in Österreich von der Bank für Arbeit und Wirtschaft AG herausgegeben.[5]

2.3.2   MicroMoney

Das Funktionsprinzip von MicroMoney ist analog zur paysafecard. Die Wertkarten können im T – Punkt oder online für 15,00 €, 30,00 € oder 50,00 € erworben werden. Auf der Rückseite befindet sich ein frei zu rubbelndes Feld unter dem sich ein 16–stelliger Code verbirgt. Die Besonderheit bei dieser Karte ist, dass sie als CallingCard benutzt werden

[1] Vgl. Maier, Karin; Pützfeld, Karl, Anwendung, 2002, S. 195.
[2] Vgl. EURO Kartensysteme GmbH (Hrsg.), GeldKarte, 2005.
[3] Vgl. paysafecard.com Wertkarten AG (Hrsg.), paysafecard, 2005.
[4] Vgl. paysafecard.com Wertkarten AG (Hrsg.), Online bezahlen, 2005.
[5] Vgl. paysafecard.com Wertkarten AG (Hrsg.), paysafecard, 2005.

kann, das heißt es können damit Telefongespräche vom Festnetz, vom Mobiltelefon, von öffentlichen Telefonen und vom Ausland geführt werden. Auch die MicroMoney Karte wird durch Anonymität und Übertragbarkeit gekennzeichnet, bei der eine Anmeldung nicht erforderlich ist.

Die Herausgeberin von MicroMoney ist die Deutsche Telekom AG.[1]

2.3.3 WEB.Cent

Bei diesem Bezahlsystem ist eingangs eine Anmeldung erforderlich, bei der Nutzername und Passwort gewählt werden müssen, mit denen der Kunde sich zum Bezahlen und Verwalten seines WEB.Cent – Kontos authentisieren muss. Das Aufladen dieses Kontos erfolgt über Kreditkarte, Bankeinzug, Überweisung, Bareinzahlung oder das Sammeln von WEB.Cent durch Einkäufe bei teilnehmenden Onlineshops. Ein WEB.Cent entspricht dem Gegenwert von 0,01 € und kann in temporäre und voll verfügbare Web.Cent unterschieden werden. Mit temporären WEB.Cent kann bei fast allen WEB.Cent Partnern bezahlt werden und außerdem sind der Versand von SMS, MMS und Fax und das Inserieren von Annoncen möglich. Temporäre WEB.Cent erhält der Kunde beim Aufladen seines Kontos per Bankeinzug, Überweisung oder Barzahlung und nach Geldeingang des entsprechenden Betrages bei WEB.Cent werden die temporären in voll verfügbare WEB.Cent umgewandelt. Bei Kreditkartenzahlung dagegen handelt es sich von Anfang an um voll verfügbare WEB.Cent, mit denen bei allen teilnehmenden Partnern bezahlt und über Com.Win telefoniert werden kann.

Um die Bezahlung mit WEB.Cent zu initiieren, ist es erforderlich das WEB.Cent Logo im entsprechenden Onlineshop anzuklicken. Nach Eingabe von Nutzername und Passwort, werden der Preis und die Produktbeschreibung erneut angezeigt und durch einen weiteren Klick kann der Kauf bestätigt werden. Die Belastung des WEB.Cent – Kontos erfolgt sofort und das gekaufte Produkt wird vom Händler – ebenfalls sofort – zugänglich gemacht. Bei ungenügender Deckung des WEB.Cent – Kontos ist kein Kauf möglich, es muss also erst das Aufladen durch eine der oben beschriebenen Möglichkeiten erfolgen.

Dieser Bezahlservice wird von der WEB.DE AG angeboten.[2]

---

[1] Vgl. Deutsche Telekom AG (Hrsg.), Guthabenkarte, 2005.
[2] Vgl. Web.de AG (Hrsg.), Fragen und Antworten, 2005.

2.4 Nachnahme

Der Nachnahmeversand wird zwar online initiiert, jedoch offline ausgeführt. Die direkte Übergabe von Ware und Geld erfolgt gleichzeitig. Voraussetzung dafür ist, dass der Käufer anwesend ist und bar bezahlt, was gegenüber den anderen Paymentsystemen unkomfortabel ist. Außerdem entstehen dem Käufer zusätzliche Kosten, die bei Annahmeverweigerung der Verkäufer tragen muss. Das Nachnahmeverfahren ist für digitale Güter nicht geeignet.[1]

2.5 Lastschrift

Beim Lastschriftverfahren erhält der Verkäufer die Erlaubnis vom Käufer den Kaufpreis von dessen Konto einzuziehen. Offline ist dazu eine physische Unterschrift des Kontoinhabers oder die Eingabe einer PIN erforderlich. Da dies online aber nicht möglich ist, kann die Rechtsverbindlichkeit der vom Käufer erteilten Einzugsermächtigung in Frage gestellt werden.[2] Um das dadurch entstandene Risiko einer Rücklastschrift für den Verkäufer zu minimieren, wird von mehreren Anbietern von e – Paymentsystemen eine Sperrlistenprüfung angeboten.

Um die grundsätzliche Funktionsweise dieser Sperrlistenprüfung zu verdeutlichen wird im Folgenden das System CompuTop ELV Score vorgestellt. Dabei wird vor Ausführung einer Lastschrift ein Verzeichnis mit über einer Million gesperrter Konten abgefragt. Diese Konten sind durch Rücklastschriften wegen Unterdeckung auffällig geworden.[3] Des Weiteren werden die Kontendaten mit der KUNO – Datenbank abgeglichen, in der sich Informationen zu wegen Diebstahl gesperrten EC – Karten befinden.[4] Außerdem hat der Händler die Möglichkeit individuelle Umsatzlimits für jede Bankverbindung festzulegen, die in einem bestimmten Zeitintervall nicht überschritten werden dürfen. Durch dieses Verfahren können Betrüger und bonitätsschwache Kunden von vornherein von Lastschrifttransaktionen ausgeschlossen werden.

Bei der Betreiberin für CompuTop ELV Score handelt es sich um die CompuTop Wirtschaftinformatik GmbH.[5]

[1] Vgl. Stroborn, Karsten; Heitmann, Annika; Frank, Gerda, Zahlungssysteme, 2002, S. 31 – 41.
[2] Vgl. Stroborn, Karsten; Heitmann, Annika; Frank, Gerda, Zahlungssysteme, 2002, S. 31 – 41.
[3] Vgl. Computop Wirtschaftinformatik GmbH, [Computop ELV], 2005.
[4] Vgl. Polizei Bremen (Hrsg.), Kuno, 2005.
[5] Vgl. Computop Wirtschaftinformatik GmbH, [Computop ELV], 2005.

2.6 E – Mail – Systeme

2.6.1 PayPal

Zur Nutzung des Pay – Now – Systems PayPal, ist es erforderlich, dass mindestens der Verkäufer ein entsprechendes Konto eröffnet, über das die Geldtransaktionen erfolgen können. Der Käufer hat dabei die Zahlungsoptionen Lastschrift oder Kreditkarte, er muss dazu lediglich die E – Mail – Adresse des Verkäufers kennen. Wenn der Käufer ebenfalls ein PayPal – Konto führt, kann das Geld direkt auf das des Verkäufers übertragen werden, auch dazu genügt die Kenntnis der E – Mail – Adresse. Vor dieser Zahlungsabwicklung muss der Käufer sein PayPal – Konto per Überweisung aufgeladen haben, ansonsten wird der Betrag von PayPal per Lastschriftverfahren vom Girokonto des Käufers abgebucht.[1]

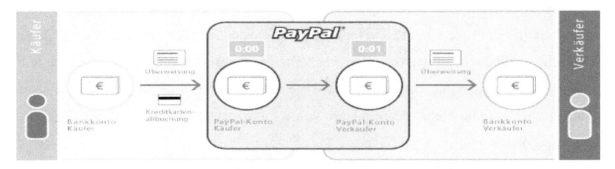

Darstellung 3 Zahlungsabwicklung per PayPal
(Quelle: PayPal (Europe) Ltd. (Hrsg), Was ist PayPal, 2005)

Zur kostenlosen Eröffnung bietet PayPal drei verschiedene Kontovarianten an, die auf die Erfordernisse des Nutzers abgestimmt sind. Das Basiskonto eignet sich für Personen, die hauptsächlich als Käufer agieren wollen. Aber auch ein kostenloser Geldempfang, außer der Annahme von Kreditkartenzahlungen, ist hierbei möglich. Um alle Geldempfangsmöglichkeiten uneingeschränkt nutzen zu können, ist das Premiumkonto, welches unter eigenem Namen geführt wird, empfehlenswert. Das Absenden von Geld ist auch hier kostenlos, der Empfang von Zahlungen ist an eine geringe variable Gebühr gebunden. Das Businesskonto weist dieselben Merkmale auf, unterscheidet sich aber dadurch, dass es unter einem Firmennamen geführt werden kann.[2] Funktionen, die bei allen Konten gleichermaßen vorhanden sind, ist das kostenlose Einzahlen und – innerhalb von Deutschland – Abheben von Geld.[3]

---

[1] Vgl. PayPal (Europe) Ltd. (Hrsg), Was ist PayPal, 2005.
[2] Vgl. PayPal (Europe) Ltd. (Hrsg), Auswahl, 2005.
[3] Vgl. PayPal (Europe) Ltd. (Hrsg), Gebühren, 2005.

Internationale Transaktionen in den möglichen Währungen Britische Pfund, US-Dollar, Kanadische Dollar, Australische Dollar und Yen[1] ziehen eine Gebühr von 2,5% nach sich.[2]

Dieses Bezahlsystem des eBay – Unternehmens PayPal (Europe) Ltd. kann seit dem Jahr 2004 auf dem deutschen Markt genutzt werden.[3]

2.6.2 Moneybookers

Dieses Paymentsystem ähnelt dem oben beschriebenen PayPal. Moneybookers kann nach der Eröffnung eines entsprechenden Kontos dazu genutzt werden, Geld per E – Mail zu erhalten und zu versenden, dabei wird das Geld vom Bankkonto oder der Kreditkarte abgebucht.[4] Außerdem besteht die Möglichkeit Zahlungen per Handy zu veranlassen, sich über den Kontostand zu informieren und SMS bei Geldeingängen zu erhalten, dazu muss die Handynummer bei Moneybookers angegeben werden. Nach dieser Registrierung muss mit diesem Handy eine Servicenummer gewählt und die PIN auf der Tastatur eingeben werden um diese zusätzliche Funktion nutzen zu können. Die Kosten dafür betragen 0,50 €, für bestellte SMS wird eine Gebühr in Höhe von 0,13 € vom Moneybookers – Guthaben abgebucht.[5] Die Kosten für die Einzahlung und das Abheben von Geld differieren je nach Land und Zahlungsart. Das Absenden von Zahlungen schlägt mit 1 % des Transaktionsbetrages, maximal aber 0,50 €, zu Buche, lediglich der Zahlungserhalt ist kostenlos.[6]

Der Payment – Service Moneybookers Limited arbeitet als eine Tochtergesellschaft der Gatcombe Park Ventures Limited, London.[7]

2.6.3 PayDirect

Das von Yahoo im Jahr 2000 eingeführte Paymentsystem PayDirect hat am 15. Mai 2005 alle eine Tätigkeiten aufgegeben. PayDirect war ebenfalls ein e – mail – basierter Bezahldienst. Seitdem verwendet Yahoo bei verschiedenen Zahlungsvorgängen das Konkurrenzsystem PayPal.[8]

[1] Vgl. PayPal (Europe) Ltd. (Hrsg), Geld, 2005.
[2] Vgl. PayPal (Europe) Ltd. (Hrsg), Gebühren, 2005.
[3] Vgl. eBay International AG (Hrsg.), PayPal, 2005.
[4] Vgl. Moneybookers Ltd. (Hrsg.), Über uns, 2005.
[5] Vgl. Moneybookers Ltd. (Hrsg.), Handy, 2005.
[6] Vgl. Moneybookers Ltd. (Hrsg.), Gebühren, 2005.
[7] Vgl. Moneybookers Ltd. (Hrsg.), Über uns, 2005.
[8] Vgl. BörseGo GmbH (Hrsg.), PayDirect, 2005.

2.7 Mobile Payments

2.7.1 Vodafone Mobiles Bezahlen

Bei dem von Vodafone angebotenem Paymentsystem wird die Einkaufsumme übe die Telefonrechnung abgerechnet, bei Pre – Paid – Karten wird der Betrag direkt vom Kartenguthaben abgebucht. Um Vodafone Mobiles Bezahlen nutzen zu können ist keine vorherige Registrierung erforderlich, eine PIN oder Ähnliches wird ebenfalls nicht benötigt.

Bei diesem Paymentsystem erfolgt die Identifizierung durch die Eingabe der Mobiltelefonnummer auf der entsprechenden Seite des Online – Shops. Daraufhin erhält man umgehend eine kostenlose Bestätigungs – SMS, die einen einmalig verwendbaren sechsstelligen Bezahlcode enthält, mit dessen Eingabe am Computer der Käufer ausdrücklich dem Kauf zustimmt. Dies muss innerhalb von 30 Minuten geschehen, da der Code danach seine Gültigkeit verliert. Dem Käufer entstehen keine zusätzlichen Kosten für die Einrichtung oder eine monatliche Gebühr und auch seine Anonymität wird gewahrt, da an den Händler keine persönlichen Daten, wie die Bankverbindung, weitergeben werden. Vodafone Mobiles Bezahlen kann nicht nur beim Online – Shopping eingesetzt werden, sondern auch zur Bestellung in Tele – Shops und an Automaten bei Händlern, die diese Zahlungsmöglichkeit anbieten. In der zugesandten Bestätigungs – SMS befindet sich eine Transaktionsübersicht, die per SMS kostenlos bestätigt werden muss um den Bezahlvorgang abzuschließen. Des Weiteren besteht die Möglichkeit Abonnements für die verschiedensten SMS – Informationsdienste bei beteiligten Händlern anzufordern und die entstandenen Kosten über Vodafone Mobiles Bezahlen zu begleichen.

Dieses Paymentsystem kann allerdings nur von Kunden der Betreiberin Vodafone D2 GmbH genutzt werden.[1]

2.7.2 allPAY

Die Anwendung des Paymentsystems allPAY verläuft sinngemäß zum vorher beschriebenen Vodafone Mobiles Bezahlen. Kunden der Anbieter T – Mobile, Vodafone – D2, o2, debitel und E – Plus haben die Möglichkeit Dienstleistungen[2] bis jeweils 10,00 € online zu bezahlen.

[1] Vgl. Vodafone D2 GmbH, Vodafone, 2005.
[2] Vgl. allPAY GmbH (Hrsg.), Registrierung, 2005.

Die Abrechnung erfolgt auch hier über die Mobiltelefonrechnung oder die Abbuchung von der Pre – Paid – Karte. Eine derartige Rechnungsstellung für Geschäfte über UMTS, WAP und GSM ist bereits in Planung.[1]

Die Betreiberin allPAY GmbH, einer Tochtergesellschaft der bruNET Holding AG in Gröbenzell,[2] beschreibt das von ihr angebotene Bezahlverfahren als einfach, anonym, sicher und schnell.[3]

2.7.3 Street Cash

Durch das mobile Paymentsystem Street Cash hat der Nutzer nicht nur die Option der Bezahlung in Webhops und auf WAP – Seiten sondern auch direkt am Point of Sale, wie zum Beispiel im Taxi oder beim Pizzaservice.

Des Weiteren besteht die Möglichkeit per SMS Tickets für beispielsweise Kino oder öffentliche Verkehrsmittel zu bestellen und zu bezahlen. Zur Nutzung von Street Cash ist allerdings eine Registrierung und Erteilung einer Einzugsermächtigung vom Giro – oder Kreditkartenkonto notwendig.

Um eine Onlinezahlung zu veranlassen muss der Käufer im entsprechenden Bezahlformular seine Street Cash Benutzerkennung und sein Passwort eingeben, anschließend wird von Street Cash eine Bestätigungs – SMS an den Käufer versandt, auf die er mit seiner PIN antworten muss. Die wirksam gewordene Transaktion wird direkt auf der Website bestätigt und der Betrag wird vom bei der Registrierung mitgeteilten Konto abgebucht.

Beim Zahlungsvorgang am POS wird die Fälligkeit des Rechnungsbetrages per Mobiltelefon vom Händler veranlasst. Als nächstes erhält der Käufer eine SMS mit dem fälligen Betrag und muss diesen durch eine weitere SMS mit seiner PIN freigeben. Nach Kontrolle der Kundendaten durch Street Cash wird dem Händler die Transaktion mit einer abschließenden SMS bestätigt.

Die Bestellung von Tickets erfolgt durch eine SMS, die die entsprechende Ticketkennung und PIN enthält, direkt an Street Cash. Nachdem Street Cash die übermittelten und vorhandenen Kundendaten erkannt hat, wird das Ticket per SMS auf das Mobiltelefon des Käufers geschickt und das Konto mit dem Kaufpreis belastet.[4] Zahlungen am POS und

---

[1] Vgl. allPAY GmbH (Hrsg.), Online Payment, 2005.
[2] Vgl. allPAY GmbH (Hrsg.), allPAY, 2005.
[3] Vgl. allPAY GmbH (Hrsg.), Registrierung, 2005.
[4] Vgl. inatec solutions GmbH (Hrsg.), [STREET CASH], 2005.

- 16 -

Bestellung von Tickets sind allerdings nur regional begrenzt bei einigen Unternehmen in Leipzig und Jena möglich.[1]

Bei der Betreiberin von Street Cash handelt es sich um die inatec GmbH in Leipzig.[2]

2.8   Kreditkarte

Bei der Kreditkarte handelt es sich um ein Zahlungsmittel in Scheckkartenformat. Die Abrechnung der mit einer Kreditkarte getätigten Einkäufe erfolgt jeweils am Monatsende mit dem Kreditkartenherausgeber über das Girokonto des Karteninhabers. Die dafür anfallenden Gebühren unterscheiden sich von Anbieter zu Anbieter.

Zum Kreditkarteneinsatz im Internet gibt es verschiedene Verfahren, die sich durch Ihre Sicherheitsmerkmale und den Grad der Kompliziertheit bei Ihrer Anwendung unterscheiden. Beim Mailorder – bzw. Telefonorderverfahren gibt der Kunde seinen Auftrag zwar online an den Händler weiter, die Kreditkartendaten werden allerdings über Telefon, Fax oder Brief übermittelt, was freilich etwas mühsam jedoch sicher ist. Auch beim E – Mailorderverfahren wird die Bestellung im Internet veranlasst, hier erfolgt die Bekanntgabe der Kreditkartendaten aber per E – Mail. Dies ist fast ebenso kompliziert wie bei der vorher beschriebenen Methode, aber unsicherer, da die E – Mail unverschlüsselt versandt wird. Ein weiteres unsicheres, aber einfaches Verfahren stellt die Eingabe der vertraulichen Daten in eine unverschlüsselte Webmaske dar. Dabei wird der Kunde nach Aufgabe seiner Bestellung auf ein Formular weitergeleitet, das die eingetragenen Kreditkartendaten ungesichert an den Händler schickt. Gefahrloser und ebenso einfach ist dagegen die Verwendung eines SSL – verschlüsselten Webformulars, was direkt an den Bestellvorgang angeschlossen ist. Ein sehr komfortables Verfahren, welches besonders bei bedeutenden Onlineshops Einzug gehalten hat, ist die Speicherung der Kunden – und Kreditkartendaten, so dass diese bei der nächsten Bestellung nicht erneut angegeben werden müssen. Die Sicherheit ist dabei hinreichend gewährleistet. Das SET – Verfahren bietet bisher das größtmögliche Sicherheitsniveau durch die Verwendung von digitalen Signaturen. Allerdings sind dafür auf Käufer – und Verkäuferseite eine vorherige Softwareinstallation und ein Zertifizierungsprozess erforderlich.[3] Die Handhabung von Verified by Visa ist dagegen vergleichsweise einfach. Der Kreditkarteninhaber muss sich für dieses System vorher bei seiner Bank mit einer persönlichen Sicherheitsmeldung und einem Passwort anmelden. Nach

---

[1] Vgl. inatec solutions GmbH (Hrsg.), Partner, 2005.
[2] Vgl. inatec solutions GmbH (Hrsg.), Weitblicker, 2005.
[3] Vgl. Schürer, Tilo, Kreditkarte, 2005, S. 206 – 231.

Eingabe der Kartendaten prüft der Händler bei der Bank des Kunden, ob dieser für Verified by Visa bereits registriert ist und bestätigt dies durch die Anzeige der persönlichen Sicherheitsmeldung und fragt das Passwort ab.[1] Ähnlich verhält es sich mit dem MasterCard SecureCode, den der Kunde vom Kreditkartenherausgeber zugeteilt bekommt und zusätzlich zu den Kreditkartendaten beim Bezahlvorgang im Internet eingeben muss.[2]

Die Verwendung von Kreditkarten ist trotz des umfangreichen Angebots von Paymentsystemen aller Art weiterhin sehr verbreitet. Dafür sprechen vor allem die charakteristischen Merkmale von Kreditkarten wie zum Beispiel die einfache Handhabung, der hohe Kundenschutz, die globale Akzeptanz und nicht zuletzt die Bekanntheit.[3]

2.9 Rechnung

2.9.1 Online – Banking

Bei dieser Variante ein im Internet bestelltes Produkt zu bezahlen, wartet der Käufer bis er das Produkt und die Rechnung dafür erhalten hat. Innerhalb einer vom Händler festgesetzten Frist muss der Käufer nun die Rechnung begleichen.

Um eine Überweisung per Online – Banking vom Girokonto durchführen zu können, muss dies vorher bei der entsprechenden Bank angemeldet werden. Daraufhin werden dem Nutzer PIN und ein TAN – Block zur Verfügung gestellt. Die PIN und Kontonummer dienen zum Einloggen in den persönlichen Kontobereich. Dort wird das Online – Überweisungsformular ausgefüllt und die Zahlung wird mit einer TAN freigegeben. Jede TAN ist nur einmalig verwendbar, daher erhält der Kontoinhaber nach Gebrauch eines TAN – Blocks von seiner Bank einen neuen zugesandt.

2.9.2 S – ITT Treuhand

Um S – ITT Treuhand nutzen zu können ist eine Anmeldung für Käufer und Verkäufer notwendig. Von einem der beiden teilnehmenden Parteien wird der Treuhandauftrag initiiert, der Vertragspartner muss sich mit dieser Zahlungsmethode einverstanden erklären. Per Überweisung auf das Treuhandkonto begleicht der Käufer den offenen Betrag und nach Eingang der Zahlung verschickt der Händler das bestellte Produkt. Nach Erhalt und Prüfung des Produkts verständigt der Käufer den Treuhandservice und der Händler bekommt

[1] Vgl. Visa Europe Services Inc. (Hrsg.), Visa, 2005.
[2] Vgl. MasterCard Europe (Hrsg.), SecureCode, 2005.
[3] Vgl. Schürer, Tilo, Kreditkarte, 2005, S. 206 – 231.

den Kaufpreis.[1] Bei dieser Zahlungsabwicklung fallen 2 % vom Kaufpreis und Versandkosten als Gebühren an. Bei Beträgen über 5.000,00 € bleibt die Gebühr bei 100,00 €. Dabei ist es möglich die Gebühr unter Käufer und Verkäufer hälftig aufzuteilen oder einer der Vertragspartner erklärt sich dazu bereit die Kosten allein zu tragen.[2]

Der Service S – ITT Treuhand wird von der Sparkasse Pfullendorf – Meßkrich betrieben.[3]

2.9.3 iclear

Bei diesem Paymentsystem ist eine einmalige Registrierung erforderlich. Für den Käufer fallen dabei keine Kosten an. Die Kosten für den Verkäufer sind abhängig vom Bruttoumsatz, der Anzahl der Bestellungen und dem eventuellen Abschluss eines Marketingpaketes.[4] Bei den ersten Einkäufen in einem der über 1.000 teilnehmenden Web – Shops ist es notwendig, dass der Käufer Vorauskasse leistet, dabei wird das Geld bis zum Abschluss des Kaufvorgangs von iclear treuhänderisch betreut. Nach einigen Aufträgen entwickelt sich schrittweise ein Verfügungsrahmen, der sich aus einem individuellen Überziehungsrahmen und bereits eingezahltem Geld zusammensetzt, und gestattet dem Käufer Zahlung per Rechnung oder Lastschrifteinzug.[5] Durch diesen Prozess wird aus dem anfänglichen Pre – Paid – System ein Pay – Later – System.

Der typische Ablauf einer Zahlung mit iclear stellt sich wie folgt dar: Nachdem der Kunde die Ware online bestellt hat, entscheidet er sich für iclear als Zahlungsoption, dazu ist eine Autorisierung mit Benutzername und Passwort erforderlich. Die Daten werden von iclear geprüft und bei positiver Auswertung wird dem Verkäufer eine Zahlungszusage erteilt. Daraufhin wird die Ware an den Käufer versandt und dieser bestätigt entsprechend den Erhalt bei iclear. Abschließend wird das Konto des Käufers mit dem Rechnungsbetrag belastet und iclear leitet das Geld innerhalb von 30 Tagen an den Verkäufer weiter. Während dieses Vorgangs hat der Käufer jederzeit die Möglichkeit seinen Bestellstatus online bei iclear einzusehen und Reklamationen mitzuteilen.[6]

Das Paymentsystem iclear wird von der Kinteki GmbH betrieben, die ehemals unter dem Namen EuroCoin iclear GmbH firmierte.[7]

---

[1] Vgl. Sparkasse Pfullendorf – Meßkirch (Hrsg.), Treuhand, 2005.
[2] Vgl. Sparkasse Pfullendorf – Meßkirch (Hrsg.), S – ITT, 2005.
[3] Vgl. Sparkasse Pfullendorf – Meßkirch (Hrsg.), Sicherheitshinweise, 2005.
[4] Vgl. Kinteki GmbH (Hrsg.), Zahlungsabwickler, 2005.
[5] Vgl. Kinteki GmbH (Hrsg.), Verfügungrahmen, 2005.
[6] Vgl. Kinteki GmbH (Hrsg.), Zahlungsabwickler, 2005.
[7] Vgl. Kinteki GmbH (Hrsg.), Allgemeines, 2005.

2.10   Billing – / Inkassosysteme

2.10.1 Click & Buy

Zur Nutzung von Click & Buy ist eine Registrierung für Käufer und Händler erforderlich. Dabei müssen alle notwendigen Daten wie Name, Adresse und gewünschte Zahlungsart angegeben und ein Benutzername und Passwort festgelegt werden.[1] Für Käufer ist dieser Service unentgeltlich. Die Konditionen für Händler hängen vom abgeschlossenen Vertrag ab. Beim Basic Account sind eine Anmeldegebühr, eine monatliche Grundgebühr, Provision und eventuell Transaktionskosten vom Händler zu tragen. Die Geschäftsbedingungen für einen Premium Account sind abhängig vom Unternehmenskonzept des Händlers.[2] Beim Bezahlvorgang wählt der Käufer die Option Click & Buy und gelangt so auf die entsprechende Bezahlseite, wo er sich mit Benutzername und Passwort authentisieren muss. Vor dem endgültigen Abschluss der Transaktion erhält der Käufer erneut ausführliche Informationen über das Angebot und die Kosten. Durch einen Klick auf das Feld „Akzeptieren" wird der Vorgang beendet und Zugang zu dem entsprechenden kostenpflichtigen Inhalten gewährt.[3] Erst am Monatsende muss der Käufer per Bankeinzug, Kreditkarte oder auf Rechnung die erhaltenen Leistungen bei Click & Buy bezahlen. Im persönlichen Login – Bereich von Click & Buy kann der Käufer jederzeit seine getätigten Transaktionen einsehen.[4]

Die Anmeldung und Zahlung über einen Pre – Paid – Account ist ebenfalls möglich, dabei müssen keine persönlichen Daten angegeben werden, da das Aufladen des Kontos über eine entgeltliche Servicetelefonnummer erfolgt.[5]

Click & Buy wird seit fünf Jahren von der Firstgate AG angeboten.[6]

2.10.2 T – Pay

Um T – Pay als Käufer nutzen zu können ist es erforderlich über einen T – Com Festnetzanschluss zu verfügen und am Lastschriftverfahren teilzunehmen, da alle in Anspruch genommen Leistungen am Monatsende über die Telekom Rechnung abgerechnet werden. Die notwendige Anmeldung für T – Pay ist kostenlos, dabei muss der Käufer ein Passwort

---

[1] Vgl. Firstgate AG (Hrsg.), Anmeldung, 2005.
[2] Vgl. Firstgate AG (Hrsg.), Preisverzeichnis, 2005.
[3] Vgl. Firstgate AG (Hrsg.), Zahlungsvorgang, 2005.
[4] Vgl. Firstgate AG (Hrsg.), Click & Buy, 2005.
[5] Vgl. Firstgate AG (Hrsg.), 2. Schritt, 2005.
[6] Vgl. Firstgate AG (Hrsg.), Click & Buy, 2005.

wählen, zusammen mit diesem und der E – Mail – Adresse kann die Onlinezahlungen veranlasst und rund um die Uhr Einblick in alle Geschäfte genommen werden.[1]

Für den Händler fallen eine Anmeldegebühr und ein monatlicher Grundpreis an.[2] Nach einmaliger Anmeldung kann der Händler seinen Kunden fünf Möglichkeiten zur Bezahlung anbieten, dazu gehören T – Pay, das bereits beschriebene MicroMoney, Pay by Call / Call and Pay, Lastschrift und Kreditkarte. Bei Pay by Call und Call and Pay bezahlt der Kunde per Anruf, minutenabhängig oder centgenau, ohne vorherige Anmeldung.

T – Pay wird von der Deutschen Telekom AG betrieben.[3]

2.10.3 bill – it – easy

Die Abrechnung von kostenpflichtigen Internetinhalten, Dienstleistungen und Downloads erfolgt mit bill – it – easy zusammengefasst über die monatliche Rechnung des jeweiligen Internet Service Providers.[4] Eine vom ISP integrierte intelligente Software identifiziert die entsprechenden zu bezahlenden Leistungen und leitet den Kunden auf eine Webmaske weiter, die ihn über die anfallenden Kosten in Kenntnis setzt. Anschließend bekundet der Käufer seine Kaufabsicht per Mausklick. Bei dieser Transaktion ist keine Registrierung oder die Eingabe eines Passwortes notwendig. Eine Übertragung von intimen Daten findet ebenfalls nicht statt.[5]

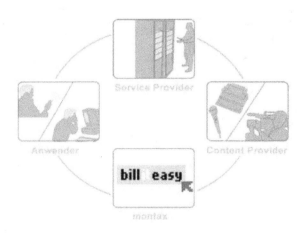

Das System bill – it – easy bietet die Möglichkeit der Festlegung eines monatlichen Ausgabenlimits und eines passwortgeschützten Filters um die entgeltliche Nutzung von Websites bestimmter Branchen zu unterbinden. Zur Kontrolle kann der Käufer auf der Homepage von bill – it – easy Einsicht in alle getätigten Geschäfte nehmen und sein Ausgabelimit und Filter jederzeit anpassen. Der Gebrauch von bill – it – easy wird von der

Darstellung 4 Funktionsweise montax payment service GmbH angeboten.[6]

(Quelle: montax payment service GmbH (Hrsg.), Guided Tour, 2004)

---

[1] Vgl. Deutsche Telekom AG (Hrsg.), T – Pay, 2005.
[2] Vgl. Deutsche Telekom AG (Hrsg.), Kostenübersicht, 2005.
[3] Vgl. Deutsche Telekom AG (Hrsg.), Fünf Bezahlvarianten, 2005.
[4] Vgl. monatx payment service GmbH (Hrsg.), bill – it – easy, 2005.
[5] Vgl. monatx payment service GmbH (Hrsg.), Funktionsweise, 2005.
[6] Vgl. monatx payment service GmbH (Hrsg.), Internet User, 2005.

3 Sicherheitsrisiken

3.1 Passwörter

Da Studien belegt haben, dass es sich bei den Passworten von 80 % aller Internetnutzer um Begriffe aus deren direkter Umwelt handelt, stellen die Passwörter selbst ein erhöhtes Sicherheitsrisiko dar.[1] Aus diesem Grund soll kurz erläutert werden auf welche Kriterien bei der Passwortwahl im Interesse der Sicherheit zu achten ist.

Diese unkomplizierte Möglichkeit der Authentisierung gegenüber einem System ergibt sich aus der Kombination zwischen einem im System einmaligen Benutzernamen und einem geheimen Passwort, was je nach System aus einer Mindestanzahl von Buchstaben, Ziffern und Sonderzeichen gebildet wird. Dabei ist besonderes Augenmerk auf die Auswahl zu legen, das heißt leicht zu erratende Passwörter wie Namen, Kfz – Kennzeichen oder Geburtsdaten sollten nach Möglichkeit vermieden werden. Des weiteren müssen Passwörter durch Geheimhaltung gegen unberechtigten Zugang geschützt und voreingestellte Passwörter geändert werden. Auch ist es notwendig von Zeit zu Zeit das Passwort zu ändern, vor allem wenn es trotz der genannten Sicherheitsmaßnahmen bekannt geworden ist.[2]

Sollte ein höherer Sicherheitsstandard erforderlich sein, werden digitale Signaturen und Zertifikate empfohlen. Hierbei kommt es allerdings durch die Einrichtung, Verwendung und Verifizierung zu einem erheblichen Mehraufwand im Vergleich zum Passwort. Daher sind Kosten und Nutzen vorher entsprechend abzuwägen.[3]

3.2 Trojaner

Unter Trojanern versteht man schädliche Software, die in Fachkreisen als Malware bezeichnet wird. Die Programmierung von Trojanern ist darauf ausgerichtet Daten, wie zum Beispiel Passwörter, Bank – oder Kreditkarteninformationen, auf fremden Computern auszuspähen und über das Internet an seinen „Lenker" zu übermitteln. Außerdem besteht die Möglichkeit, dass der Trojaner – Lenker direkt auf den betroffenen Computer zugreift und nach seinem Belieben Instruktionen erteilt. Werbe – Trojaner dagegen richten auf dem Computer teure Dialer ein, so dass der Nutzer automatisch auf kostenpflichtige Seiten gelangt.[4]

---

[1] Vgl. Borowski, Sascha (Hrsg.), Datenschutz, 2005.
[2] Vgl. Fuhrberg, Kai; Häger, Dirk; Wolf, Stefan, Internet – Sicherheit, 2001, S. 43 – 46.
[3] Vgl. Fuhrberg, Kai; Häger, Dirk; Wolf, Stefan, Browser, 2001, S. 96 – 103.
[4] Vgl. Borowski, Sascha (Hrsg.), Trojaner, 2005.

Die Verbreitung von Malware erfolgt durch Anhänge von E – Mails oder das Herunterladen von Daten. Daher sollte davon Abstand genommen werden E – Mails unbekannter Herkunft oder mit einer ausführbaren Datei als Anhang zu öffnen. Diese Dateien erkennt man Endungen wie exe, com, pif, scr, cmd, vbs, vxd und chm. Nach dem Download von Dateien ist es ratsam diese vor der ersten Anwendung durch Virenschutzsoftware nach unerwünschten Nebeneffekten abzusuchen.[1]

3.3 Phishing

Beim Phishing handelt es sich um das „Abfischen" von Kontodaten direkt beim Kontoinhaber durch eine gefälschte E – Mail im Namen der kontoführenden Bank. Der Nutzer wird dazu aufgefordert zur Aktualisierung oder aus ähnlichen Gründen über einen angegeben Link seine Kontodaten auf der gefälschten Homepage der entsprechenden Bank einzugeben. Die Betrüger missbrauchen die so in Erfahrung gebrachten Daten um Geld vom Konto des Opfers auf das Konto eines unwissenden Strohmanns zu überweisen. Dem Strohmann wird unter Vortäuschung einer seriösen Geschäftabwicklung eine Provision gezahlt, im Gegenzug dazu muss dieser das Geld von seinem Konto abheben und bar auf das einer Transferbank einzahlen. Innerhalb weniger Minuten wird das Geld auf das Konto des Täters – meistens im Ausland – weitergeleitet, welcher es ebenfalls bar abhebt.

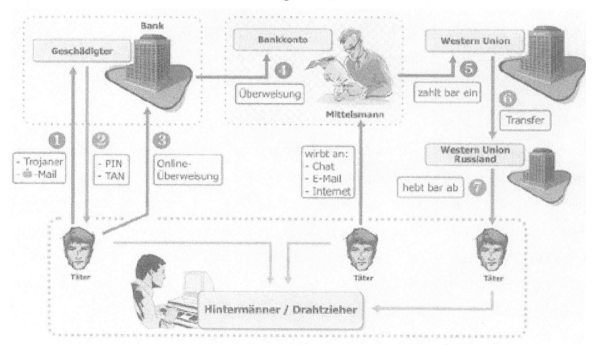

Darstellung 5 Phishing
(Quelle: Borowski, Sachsa (Hrsg.), Phishing, 2005)

---

[1] Vgl. Borowski, Sascha (Hrsg.), Viren, 2005.

Trotz zahlreicher Warnungen durch die Banken und Polizei sind im Jahr 2004 über 57 Millionen Menschen weltweit diesen Phishing – Attacken zum Opfer gefallen. Es wird empfohlen auf verdächtige E – Mails nicht einzugehen.[1]

4 Verschlüsselung

4.1 Secret – Key – Verfahren

Bei diesem Verfahren wird die Nachricht symmetrisch verschlüsselt. Das bedeutet, Absender und Empfänger verwenden den gleichen Schlüssel zur Ver – und Entschlüsselung, der über eine sichere Verbindung mitgeteilt und vertraulich behandelt werden muss. Zur Erstellung dieses Schlüssels gibt es mehrere Verfahren.

Bei der Substitutionsverschlüsselung, die auf Caesar zurückgeht, wird ein Buchstabe durch einen anderen durch Verschiebung im Alphabet ersetzt. Dabei ist der Abstand bei allen Buchstaben im Klartext gleich zum jeweiligen Substitut im verschlüsselten Text. Der angewandte Schlüssel ist allerdings durch Einsatz von Wahrscheinlichkeitsrechnung bei längeren Texten leicht zu knacken. Der bei der Verschlüsselung am häufigsten verwendete Buchstabe wird mit sehr hoher Wahrscheinlichkeit dem Buchstaben entsprechen, der in der jeweiligen Sprache des Textes am meisten vorkommt – in der deutschen Sprache also der Buchstabe E.

Die One – Time – Pad – Verschlüsselung dagegen ist sicher. Die Buchstaben werden dabei willkürlich eindeutig einander zugeordnet, zum Beispiel gilt für A = X $\leftrightarrow$ X = A. Bei einmaliger Anwendung des Schlüssels wird der Klartext in den Geheimtext umgewandelt und bei erneutem Gebrauch desselben Schlüssels erhält man wieder den Klartext. Bei dieser Art der Verschlüsselung gibt es kein Berechnungsverfahren um den angewandten Schlüssel zu brechen.[2]

4.2 Public – Key – Verfahren

Beim Public – Key – Verfahren erfolgt die Verschlüsselung asymmetrisch, das heißt zum Ver – und Entschlüsseln existieren zwei verschiedene Schlüssel. Der Absender verwendet einen öffentlichen Schlüssel und der Empfänger benutzt zur Umkehrung der Verschlüsselung einen privaten nur ihm bekannten Schlüssel.

---

[1] Vgl. Borowski, Sascha (Hrsg.), Phishing, 2005.
[2] Vgl. Fuhrberg, Kai; Häger, Dirk; Wolf, Stefan, Verschlüsselung, 2001, S. 82 – 94.

Da die Kenntnis des öffentlichen Schlüssels nicht zur Entschlüsselung dient, bleibt die tatsächliche Nachricht vor möglichen Angreifern verborgen.

Bei der Erstellung von digitalen Signaturen dagegen verwendet der Absender den privaten Schlüssel und der Empfänger ist nur in Kenntnis des öffentlichen Schlüssels. Hierbei wird die Nachricht zwar nicht im eigentlichen Sinne verschlüsselt, da sie von jedem gelesen werden kann, aber eine Fälschung der Signatur ist nicht möglich.

Obwohl die beiden Schlüssel durch voneinander abhängige mathematische Operationen erstellt werden, ist es nicht realisierbar von einem Schlüssel auf den anderen zu schließen.[1]

5 Onlinepayment in der Immobilienwirtschaft

Exemplarisch für die vorher erläuterten Paymentsysteme wird im Folgenden nur auf die Partner von Click & Buy, betrieben von der Firstgate AG, eingegangen. Bei den immobilienwirtschaftlichen Unternehmen, die als Zahlungsoption Click & Buy anbieten, handelt es sich überwiegend um Internetportale für Immobilienanzeigen. Des Weiteren ist es möglich so den Abruf von Daten wie Standortinformationen, Baugeld – Übersichten oder Informationen von Gutachterausschüssen zu bezahlen. Auch ein interaktiver Online – Ratgeber gehört zur Klientel der Firstgate AG.[2]

Im folgenden Kapitel sind die Präferenzen der Online – Händler und damit auch zu einem gewissen Anteil der Immobilienunternehmen, die ihre Dienstleistungen im Internet anbieten, ersichtlich. Ein weiterer Bezug zur Immobilienwirtschaft ist nur schwer herzustellen, da ein Großteil der Geschäftsfelder der Immobilienbranche für ihre Dienste zwar online wirbt, aber dennoch offline tätig ist – und ihrem Charakter nach auch nur sein kann – und daher ebensolche Zahlungsverfahren verwendet, wie zum Beispiel Facility Management und Handwerksbetriebe.

6 Angebot von Paymentsystemen durch die Händler

Aus der aktuellen Umfrage „Internet – Zahlungssysteme aus Händlersicht" von Sebastian von Baal geht hervor, in welchem Maß die Paymentsysteme von den Händlern zur Nutzung bereitgehalten werden.

Ein großer Teil der Unternehmen bieten die Möglichkeiten Vorauskasse, Nachnahme, Rechnung und Lastschrift an. Die verschiedenen Verschlüsselungsverfahren der Kreditkarte und PayPal liegen in der Angebotskapazität auf Platz 5 bis 8. Von weniger als

---

[1] Vgl. Fuhrberg, Kai; Häger, Dirk; Wolf, Stefan, Verschlüsselung, 2001, S. 82 – 94.
[2] Vgl. Firstgate AG (Hrsg.), Immobilien. 2005.

10 Prozent der Händler werden weitere Zahlungsverfahren, wie zum Beispiel Mobile Payments, Pre – Paid – Lösungen oder telefonbasierte Lösungen, offeriert. Eine Ausweitung des Angebots der Zahlungsmöglichkeiten bis Ende 2006 ist jedoch absehbar.[1]

7 Nutzung der Paymentsysteme durch die Käufer

Die Präferenzen der Käufer sind ähnlich denen der Händler, wobei die Beliebtheit von verschlüsselten Kreditkartenzahlungen größer ist und die Vorauskasse hier deutlich weniger bevorzugt wird. Den deutlich ersten Platz in der Gunst der Online – Shopper belegt die Zahlung auf Rechnung, gefolgt vom Lastschriftverfahren.[2] Die Neigung zur online initiierten und offline ausgeführten Bezahlung lässt sich durch die Angst vor Sicherheitsrisiken begründen.[3] Des Weiteren gilt eine notwenige Anmeldung zur Nutzung eines Paymentsystems ebenfalls als Hemmnis, da gerade im Bereich des Micropayments, Zahlungen zwischen 0,05 € – 5,00 €, der Aufwand unangemessen groß zum Nutzen ist.[4]

8 Zusammenfassung

Ziel dieser Hausarbeit war es einen Überblick über Paymentsysteme im Internet zu geben. Zuerst wurde die Bedeutung von Online – Shopping, was in den letzten Jahren immer mehr an Bedeutung gewonnen hat, und damit die Erforderlichkeit von Paymentsystemen verdeutlicht. Ein Teil der vorhandenen Paymentsysteme im Internet wurde in unterschiedliche Kategorien gegliedert und ausführlich beschrieben. Obwohl nur ein kleiner Teil dieser Systeme vorgestellt werden konnte, soll dieser Überblick genügen, da sich die Paymentsysteme innerhalb einer Sparte sehr ähnlich sind. Außerdem wurde besonderes Augenmerk auf die mit der Anwendung verbunden Sicherheitsrisiken für den Nutzer gelegt und die Funktionsprinzipien der symmetrischen und asymmetrischen Verschlüsselungen kurz erläutert. Am Beispiel von Click & Buy wurde gezeigt, auf welchen Gebieten die Immobilienwirtschaft sich Paymentsysteme im Internet zu nutze macht und weshalb diese in vielen immobilienwirtschaftlichen Unternehmen nicht zum Einsatz kommen. Abschließend wurde das Angebot der Händler bezüglich der Paymentsysteme anhand eines Diagrammes veranschaulicht und kurz geschildert und im Vergleich dazu die Bezahlgewohnheiten der Käufer dargestellt.

---

[1] Vgl. Anhang 1, S. 26.
[2] Vgl. Anhang 2, S. 27.
[3] Vgl. Borgwardt, Jens, Internet, 1999, s. 86 – 88.
[4] Vgl. Müller, Frank, digitale Güter, 2002, S. 134 – 140.

Anhang 1

Bietet Ihr Unternehmen die folgenden Zahlungssysteme bei Verkäufen über das Internet an?

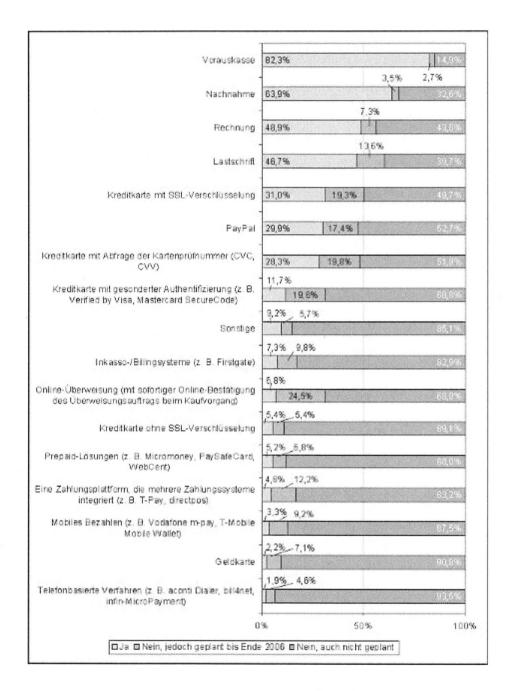

Darstellung 6 Angebot von Zahlungssystemen durch Händler

(Quelle: von Baal, Sebastian, Händlersicht, 2005)

Anhang 2

Bevorzugte Zahlungsmethoden im Internet

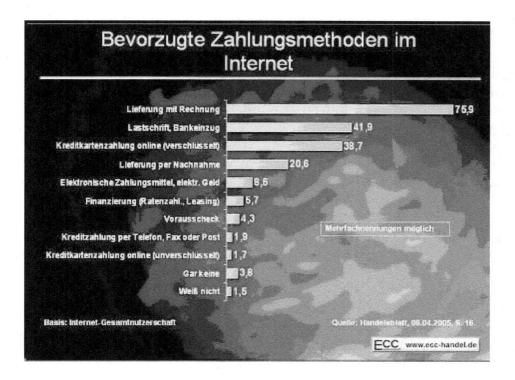

Darstellung 7 Nutzung der Zahlungssysteme durch Käufer

(Quelle: Handelsblatt, Bedeutung 06.04.2005, S. 16)

- 28 -

Literatur – und Quellenverzeichnis

1. allPAY GmbH (Hrsg.): [allPAY] ist ein Produkt der allPAY GmbH, http://www.allpay.de/allpay_gmbh.htm, Zugriff: 2005-09-10

2. allPAY GmbH (Hrsg.): Online Payment ohne [Registrierung], http://www.allpay.de/was_kunde.htm, Zugriff: 2005-09-11

3. allPAY GmbH (Hrsg.): [Online Payment] ohne Registrierung, http://www.allpay.de/was_haendler.htm, Zugriff: 2005-09-10

4. von Baal, Sebastian: Internet – Zahlungssysteme aus [Händlersicht], http://www.ecc-handel.de/erkenntnisse/1030976826, Zugriff: 2005-09-27

5. Borgwardt, Jens: [Shopping] im Internet: Online vorteilhaft einkaufen, 1. Auflage; Kilchberg / Schweiz: SmartBooks Publishing AG 1999, S. 10 – 36

6. Borgwardt, Jens: Shopping im [Internet]: Online vorteilhaft einkaufen, 1. Auflage; Kilchberg / Schweiz: SmartBooks Publishing AG 1999, S. 86 – 88

7. Borowski, Sascha (Hrsg.): [Datenschutz] durch Verschlüsselung, http://www.sicherheit-online.net/datenschutz-verschluesselung.php, Zugriff: 2005-09-26

8. Borowski, Sascha (Hrsg.): [Phishing]: Methode und System der Betrüger, http://www.sicherheit-online.net/sicherheit-phishing-methoden.php, Zugriff: 2005-09-26

9. Borowski, Sascha (Hrsg.): Schützen Sie sich vor [Viren] und Trojanern, http://www.sicherheit-online.net/sicherheit-vor-viren-schuetzen.php, Zugriff: 2005-09-26

10. Borowski, Sascha (Hrsg.): [Trojaner], http://www.sicherheit-online.net/sicherheit-trojaner.php, Zugriff: 2005-09-26

11. BörseGo GmbH (Hrsg.): Yahoo gibt sein Bezahlsystem [PayDirect] auf, http://www.boerse-go.de/news/print.php?ida=155635&idc=41 Zugriff: 2005-09-06

12. Computop Wirtschaftinformatik GmbH: [Computop ELV]: Elektronische Lastschriften, https://www.computop.de/download/de/ct_elvscore_info.pdf, Zugriff: 2005-08-27

13. Corsten, Hans: [Einführung] in das Electronic Business, München: Oldenbourg Wissenschaftsverlag GmbH 2003, S. 102

14. Deutsche Telekom AG (Hrsg.) : Die [Guthabenkarte] von T – Pay, http://mwl.t-com.de/produkte/printversion.php?id=5266, Zugriff: 2005-08-25

15. Deutsche Telekom AG (Hrsg.): [T – Pay]: Das Bezahlsystem von T – Com, https://www.sicherregistrieren.t-pay.org/static/de/170_tpay_info.html, Zugriff: 2005-09-29

16. Deutsche Telekom AG (Hrsg.): Die [Kostenübersicht], https://www.t-mart-web-service.de/Portal/Default.aspx, Zugriff: 2005-09-25

17. Deutsche Telekom AG (Hrsg.): [Fünf Bezahlvarianten] für alle Fälle, http://mwl.t-com.de/produkte/printversion.php?id=5255, Zugriff: 2005-09-25

18. eBay International AG (Hrsg.): [PayPal], http://pages.ebay.de/aboutebay/paypal.html, Zugriff: 2005-08-31

19. Enigma GfK (Hrsg.): [Online – Shopping] weiter auf dem Vormarsch vom 28.04.2005, http://www.gfk.de/presse/pressemeldung/contentdetail.php?id=688, Zugriff: 2005-08-24

20. EURO Kartensysteme GmbH (Hrsg.): Höchste Sicherheit für sensible [Transaktionen], http://www.geldkarte-online.de/ww/de/pub/gk_online/privatkunden/kartenleser_print. htm, Zugriff: 2005-08-29

21. EURO Kartensysteme GmbH (Hrsg.):So funktioniert die [Online – Zahlung] mir der GeldKarte, http://www.geldkarte-online.de/ww/de/pub/gk_online/privatkunden/zahlen_print.htm; Zugriff: 2005-08-29

22. EURO Kartensysteme GmbH (Hrsg.): Wofür eignet sich die [GeldKarte] im Internet?, http://www.geldkarte-online.de/ww/de/pub/gk_online/haendler/geldkarte_im_internet/ zahlungsfunktion_print.htm, Zugriff: 2005-08-31

23. Europressedienst Bonn (Hrsg.): eCommerce 2004: Strukturen und Potenziale des eCommerce in Deutschland aus Kunden – und [Händlersicht], Bonn: Deutsche Postbank AG 2004, S. 59

24. Firstgate AG (Hrsg.): [Anmeldung]: 1. Schritt, http://firstgate.com/DE/de/demo/nutzer/anmeldung.html, Zugriff: 2005-09-25

25. Firstgate AG (Hrsg.): Anmeldung: [2. Schritt], http://firstgate.com/DE/de/demo/nutzer/anmeldung2.html, Zugriff: 2005-09-25

26. Firstgate AG (Hrsg.): [Click & Buy] von FIRSTGATE®, http://firstgate.com/DE/de/wasist/wasist.html, Zugriff: 2005-09-25

27. Firstgate AG (Hrsg.): [Preisverzeichnis] Click & Buy, http://firstgate.com/DE/de/downloads/preisverzeichnis.pdf, Zugriff: 2005-09-25

28. Firstgate AG (Hrsg.): Unsere Angebote aus der Kategorie „[Immobilien]", http://firstgate.com/DE/de/sa/inc/sitelist.html&SUBKAT=190600&K=17&S=81, Zugriff: 2005-09-27

29. Firstgate AG (Hrsg.): [Zahlungsvorgang], http://firstgate.com/DE/de/demo/nutzer/zahlung2.html, Zugriff: 2005-09-25

30. Fuhrberg, Kai; Häger, Dirk; Wolf, Stefan: [Internet – Sicherheit]: Browser, Firewalls, Verschlüsselung, 3. Auflage, München: Carl Hanser Verlag 2001, S. 43-46

31. Fuhrberg, Kai; Häger, Dirk; Wolf, Stefan: Internet – Sicherheit: Browser, Firewalls, [Verschlüsselung], 3. Auflage, München: Carl Hanser Verlag 2001, S. 82-94

32. Fuhrberg, Kai; Häger, Dirk; Wolf, Stefan: Internet – Sicherheit: [Browser], Firewalls, Verschlüsselung, 3. Auflage, München: Carl Hanser Verlag 2001, S. 96-103

33. Handelsblatt: Online – Bezahlsysteme gewinnen an [Bedeutung] vom 06.04.2005, S. 16, http://www.ecc-handel.de/erkenntnisse/1030976826, Zugriff: 2005-09-27

34. inatec solutions GmbH (Hrsg.): Bezahlmethode für [Weitblicker], http://www.inatec.com/html/ger/produkte/streetcash.htm, Zugriff: 2005-09-11

35. inatec solutions GmbH (Hrsg.): STREET CASH – [Partner], https://www.streetcash.de/html/sc_partner.html, Zugriff: 2005-09-11

36. inatec solutions GmbH (Hrsg.): Wie funktioniert [STREET CASH] eigentlich?, https://www.streetcash.de/html/funktionsweise.html, Zugriff: 2005-09-11

37. Kinteki GmbH (Hrsg.): [Allgemeines], https://www.iclear.de/hilfe/allgemeines.jsp, Zugriff: 2005-08-26

38. Kinteki GmbH (Hrsg.): iclear: Ihr [Zahlungsabwickler] für das Internet, https://www.iclear.de/media/pdf/iclear_Information.pdf, Zugriff: 2005-08-26

39. Kinteki GmbH (Hrsg.): [Verfügungsrahmen], https://www.iclear.de/hilfe/verfuegungsrahmen.jsp, Zugriff: 2005-08-26

40. Maier, Karin; Pützfeld, Karl: Der E – Business – Spezialist: Planung und praktische Umsetzung von E – Business – [Anwendungen]; München: Addison – Wesley Verlag 2002, S. 195

41. MasterCard Europe (Hrsg.): [SecureCode], http://www.mastercard.com/de/education/internet/securecode.html, Zugriff: 2005-09-29

42. Moneybookers Ltd. (Hrsg.): [Gebühren]: Geld einzahlen und abheben, http://www.moneybookers.com/app/help.pl?s=fees, Zugriff: 2005-09-05

43. Moneybookers Ltd. (Hrsg.): [Über uns], http://www.moneybookers.com/app/help.pl?s=aboutus, Zugriff: 2005-09-05

44. Moneybookers Ltd. (Hrsg.): Zahlen per [Handy], http://www.moneybookers.com/app/help.pl?s=mobile, Zugriff: 2005-08-31

45. monatx payment service GmbH (Hrsg.): About [bill – it – easy], http://www.billiteasy.com/bie.main.content.php?action=about, Zugriff 2005-09-11

46. monatx payment service GmbH (Hrsg.): bill – it – easy [Guided Tour], http://www.billiteasy.com, Zugriff: 2005-09-11

47. monatx payment service GmbH (Hrsg.): Funktionsweise für [Internet User], http://www.montax.com/info-user.php?archiv=29&id=37&lan=d, Zugriff: 2005-09-11

48. monatx payment service GmbH: [Funktionsweise] für Service Provider, http://www.montax.com/info-serviceprovider.php?archiv=27&id=34&lan=d, Zugriff: 2005-09-11

49. Müller, Frank: Vertrieb [digitaler Güter] am Beispiel „bildung online", in: Ketterer, Karl-Heinz; Stroborn, Karsten (Hrsg.): Handbuch ePayment: Zahlungsverkehr im Internet; Systeme, Trends und Perspektiven; Köln: Fachverlag Deutscher Wirtschaftsdienst GmbH & Co. KG 2002, S. 134-140

50. PayPal (Europe) Ltd. (Hrsg): [Auswahl] des passenden Kontotyps, https://www.paypal.com/de/cgi-bin/webscr?cmd=xpt/popup/ChoosingAccountType Signup-outside#personal, Zugriff: 2005-08-31

51. PayPal (Europe) Ltd. (Hrsg): [Gebühren], http://www.paypal.com/de/cgi-bin/webscr?cmd=_display-fees-outside, Zugriff: 2005-08-31

52. PayPal (Europe) Ltd. (Hrsg): [Geld] senden mit PayPal, http://www.paypal.com/de/cgi-bin/webscr?cmd=p/ema/index-outside, Zugriff: 2005-08-31

53. PayPal (Europe) Ltd. (Hrsg): [Was ist PayPal]?, https://www.paypal.com/de/cgi-bin/webscr?cmd=xpt/bizui/WhatIsPayPal-outside, Zugriff: 2005-08-31

54. paysafecard.com Wertkarten AG (Hrsg.): [Online bezahlen], http://www.paysafecard.com/de/de/karte/funktionsweise/, Zugriff: 2005-08-25

55. paysafecard.com Wertkarten AG (Hrsg.): Was ist [paysafecard], http://www.paysafecard.com/de/de/karte/, Zugriff: 2005-08-25

56. Polizei Bremen (Hrsg.): Projekt „[KUNO]", http://www2.bremen.de/info/polizei/ag_aktuelle_informationen/kuno/projekt.pdf, Zugriff: 2005-08-27

57. Schürer, Tilo: Die [Kreditkarte] im Internet, in: Ketterer, Karl-Heinz; Stroborn, Karsten (Hrsg.): Handbuch ePayment: Zahlungsverkehr im Internet; Systeme, Trends und Perspektiven; Köln: Fachverlag Deutscher Wirtschaftsdienst GmbH & Co. KG 2002, S. 206-231

58. Sparkasse Pfullendorf – Meßkirch (Hrsg.): Allgemeine [Sicherheitshinweise], https://secure.s-itt.de/benutzer/information/sicherheit/sicherheit.php?PHPSESSID=42a61fbc333db1107763692fadbfdf1e, Zugriff: 2005-09-25

59. Sparkasse Pfullendorf – Meßkirch (Hrsg.): Was kostet [S – ITT] Treuhand?, https://secure.s-itt.de/benutzer/frameset.php, Zugriff: 2005-09-25

60. Sparkasse Pfullendorf – Meßkirch (Hrsg.): Wie funktioniert S – ITT [Treuhand]?, https://secure.s-itt.de/benutzer/frameset.php, Zugriff: 2005-09-25

61. Stroborn, Karsten; Heitmann, Annika; Frank, Gerda: Internet – [Zahlungssysteme] in Deutschland: ein Überblick, in: Ketterer, Karl-Heinz; Stroborn, Karsten (Hrsg.): Handbuch ePayment: Zahlungsverkehr im Internet; Systeme, Trends und Perspektiven; Köln: Fachverlag Deutscher Wirtschaftsdienst GmbH & Co. KG 2002, S. 31-44

62. Visa Europe Services Inc. (Hrsg.): Verified by [Visa], http://www.visa.de/visa_im_alltag/verified_by_visa.htm, Zugriff: 2005-09-29

63. Vodafone D2 GmbH: [Vodafone] Mobiles Bezahlen - zahlen Sie mit Ihrem Vodafone – Handy, http://www.vodafone.de/infofaxe/384.pdf, Zugriff: 2005-09-08

64. Web.de AG (Hrsg.): [Fragen und Antworten], https://www1.webcent.web.de/faq/?si=12Ife.1eiueT.228LGu.1z*, Zugriff: 2005-09-22